MW01224848

Mis primeras 750 palabras

Ilustraciones por Ioan Alex

Teora

Contenido

LAS CIFRAS

1 uno		
2 dos		
3 tres		
4 cuarto		
5 cinco		
6 seis		
7 siete		
8 ocho		
9 nueve		
10 diez		

LOS COLORES

Azul

Verde

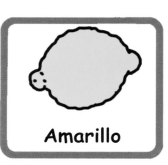

Amarillo

Rojo

4

Verde

Rojo

Amarillo

Azul

Anaranjado

Negro

Marrón

Violeta

Pintor

Brocha

Rosado

Lápiz

Cuadro

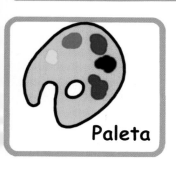
Paleta

Caballete

Tintura

Rotulador

Cuando uno pinta usa:

Acuarelas

Tinturas

Lápices pasteles

Pinceles

LA PRIMAVERA

El arco iris brilla en el cielo

Los árboles florecen

La nieve se derrite

Regresan los aves de paso

EL VERANO

Comemos helado

El sol brilla

Vamos de vacaciones

EL OTOÑO

Los aves de paso se van

Las hojas amarillean

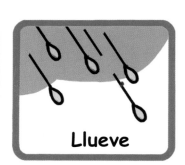

Llueve

Empieza la escuela

8

EL INVIERNO

Necesito guantes

Necesito bufanda

Necesito gorra

Nieva

MI FAMILIA

La madre cocina

El padre va a la oficina

La abuela lee cuentos de hadas

Abuelo

Abuela

Madre

Padre

Tía
(Ella es la
esposa de mi
tío y la madre
de mi primo)

Tío
(Él es el
hermano de mi
madre y el
padre de mi
primo)

Hermana

Hermano

Prima
(Ella es la hija
de mi tío
y mi tía)

Primo
(Él es el hijo
de mi tío
y mi tía)

Otros miembros de la familia:

Padrino

Madrina

Ahijado

Cuñada

Cuñado

11

LA CASA

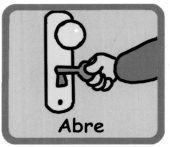

Abre

Aspira

Sale

Entra

Interruptor

Asperón

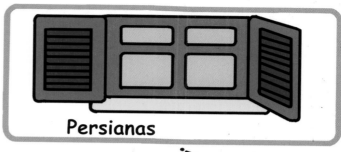
Persianas

Alcoba

Araña de luces

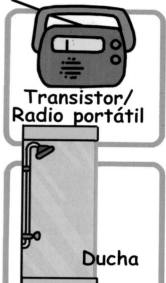
Transistor/
Radio portátil

Llave
Picaporte

Enchufe

Tejas

Ducha

Televisor

Florero

Comedor

Librería

Antena

Cañeria

Teléfono

En una casa hay:

Ventana

Puerta

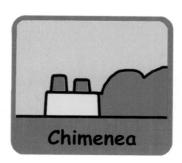
Chimenea

Escalera

EL COMEDOR

Miramos la televisor

Leemos

Sirve

Descansamos

Sillón

Ajedrez

Reloj de pared

Mando

Cortina

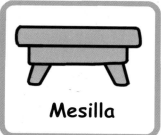

Mesilla

Revistas

Aire acondicionado

Cinta de audio

Cuadro

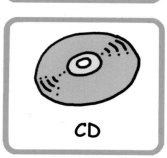

CD

Tiesto

Bombilla

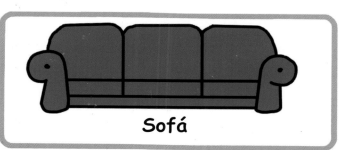

Sofá

Equipo de música

Fotografía

Ovillo

En el comedor vemos:

Gato

Piano

Alfombra

Reloj

EL DORMITORIO

Dormimos

Nos jugamos

Limpiamos

Leemos cuentos de hadas

Acuarelas

Balón

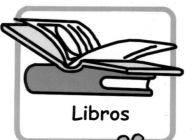

Calcetines

Libros

Lámpara

Despertador

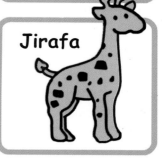

Radio

Jirafa

Cuadro

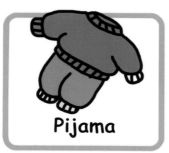

Pijama

Osito

Alacena

Almohada

Bolitas

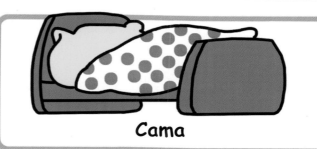

Cama

Zapatillas

Patines de ruedas

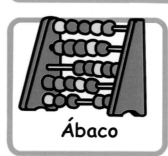

Ábaco

Pizarra

En el armario de juguetes colocamos:

Barco

Juego

Avión

Balón

LA COCINA

Comemos

Bebemos

Cocinamos

18

Cucharón	Cogedor	Batidora	Servilletas
Detergente para la vajilla	Cuchara Cuchillo Plato Tenedor		Huevera
Bote	Sartén	Hervidor	Sal Pimienta
Pajita	Taza	Tetera	Escoba
Mesa Silla		Campana extractora	Olla

En la cocina mama usa:

Molinillo

Nevera

Cocina de gas

Horno de microondas

EL BAÑO

Nos peinamos

Cepillamos
nuestros dientes

Nos bañamos

Hoja

Pasta
de dientes

Lavabo

Perfume

Desodorante

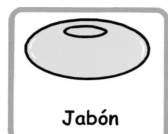
Jabón

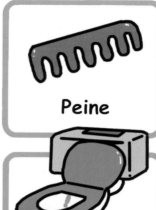
Peine

Brocha
de afeitar

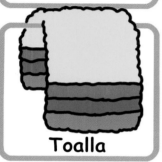
Toalla

Cepillo de
dientes

Retrete

Albornoz

Patito de goma

Estuche medical

Caja
de maquillaje

Máquina
de afeitar

Secador de pelo

Papel higiénico

Grifo

Espuma de
afeitar

En el baño uno usa:

Lavadora

Esponja

Espejo

Ducha

EL GARAJE

Atornilla

Aprieta

Pinta

Lava el coche

 Lámpara

 Taladro

 Cinta adhesiva

 Llave inglesa

 Espátula

 Destornillador

 Clavos

 Cubo de basura   Escoba

 Tuerca

 Linterna

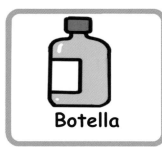 Botella

 Neumático

 Lima

 Cubo de tintura

 Brocha

 Tenaza

 Tornillo

 Bidón de aceite

 Tubo de cola

 Sierra

En el garaje mi padre usa:

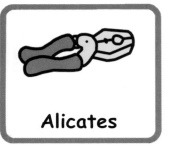 Alicates

 Cinta métrica

 Martillo

 Lámpara

EL JARDÍN

Cava

Planta

Rega las flores

Telaraña

Árbol

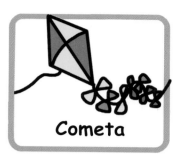

Cometa

Lombriz

Setas

Pájaro

Mariquita

Casita de pájaros

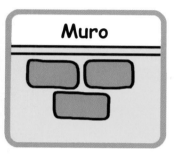

Muro

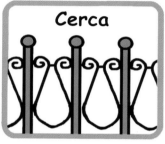

Cerca

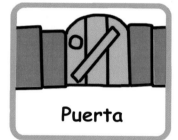

Puerta

Pétalos

Hormigas

Abeja

Copa

Caracol

Hamaca

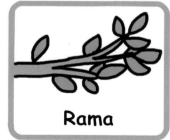

Rama

Tronco de árbol

Mariposa

¿Qué flores crecen en el jardín?

Rosa

Pensamiento

Tulipán

Narciso

LA CIUDAD

Volquete

Escúter

Bus

Coche

Estatua

Cisterna

Parada de taxis

Semáforo

Locutorio

Parquímetro

Alumbrado público

Señal de tráfico

Cubo de basura

Escalera mecánica

Guardia

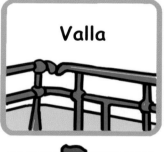

Valla

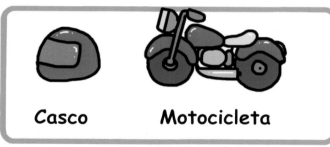

Casco

Motocicleta

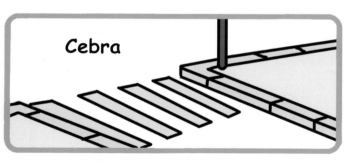

Cebra

Coche patrulla

Peatón

En la ciudad hay signos por:

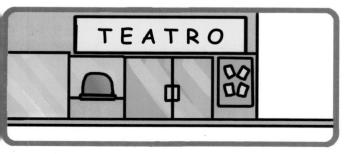

TEATRO

SUPERMERCADO

EL PARQUE

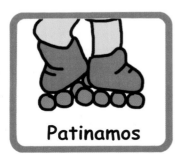

Patinamos

Paseamos

Corremos

28

 Banco

 Flores

 Cochecito de niño

 Bellotas

 Monopatín

 Helado

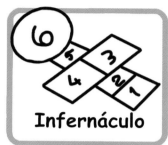 Infernáculo

 Cubo de basura

 Podar

 Columpio

 Ardilla

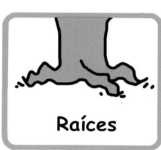 Raíces

 Máquina para cortar la hierba

 Grillo

 Hierba

 Tobogán

 Arbustos

 Hoja

 Arena

 Fuente

¿Cómo nos jugamos en el parque?

 Nos columpiamos

 Nos jugamos a la comba

 Conducimos el kart

 Andamos en bici

AL SUPERMERCADO

Pesamos

Empaquetamos

Pagamos

Compramos

Café

Bote de mermelada

Pimiento

Bolsa

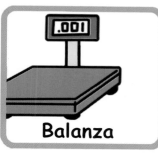

Balanza

Queso

Jamón

Perrito caliente

Mantequilla

Harina

Pastas

Mostaza

Espuma de afeitar

Detergente

Leche

Salami

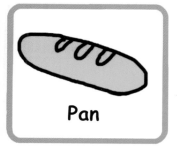

Pan

Chocolate

Limón

Cuchillo

¿Qué algo más se pude comprar en un supermercado?

Óleo

Zumo de naranjas

Carne

Bombóns

31

AL MERCADO

Pesamos en la balanza

Compramos frutas

Compramos hortalizas

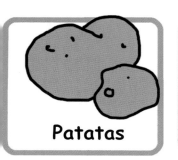

Patatas

Cebolla

Rábano

Cebolla de verdeo

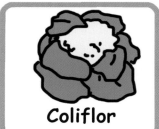

Coliflor

Zanahoria

Tomate

Setas

Perejil

Calabaza

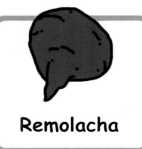

Remolacha

Rábanos

Pimiento

Judías verdes

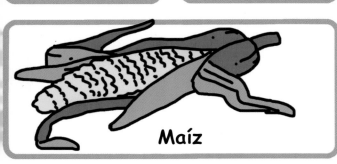

Maíz

Lechuga

Berenjena

Al mercado hay:

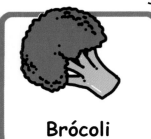

Brócoli

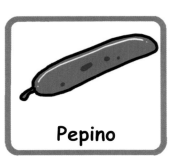

Pepino

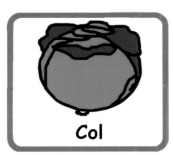

Col

Calabacín

EL HOSPITAL

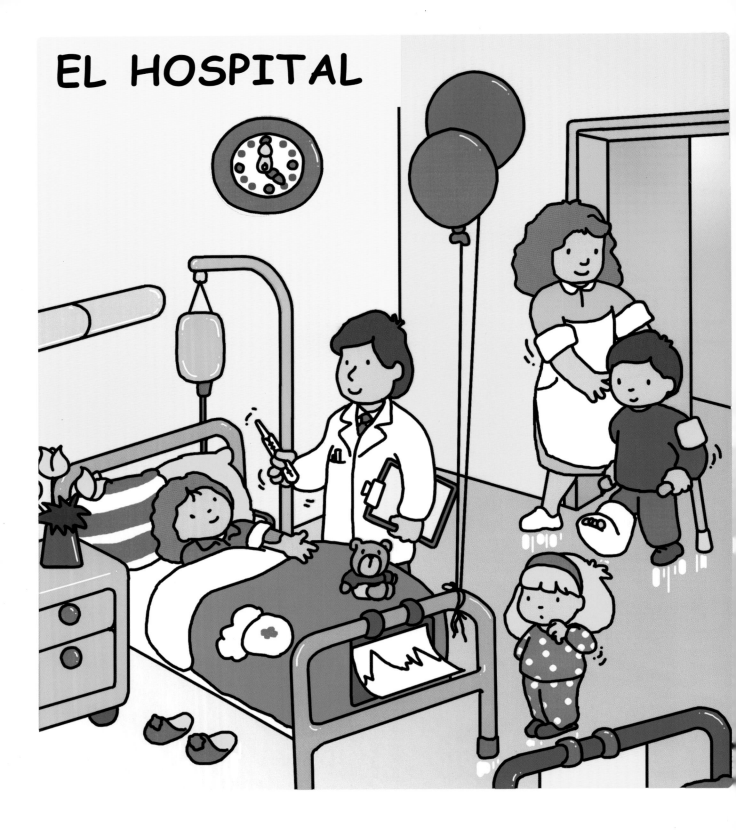

Operan

Vendan una herida

Examinan

Desinfectan un corte

34

Medicinas

Termómetro

Estetoscopio

Escalpelo

Paciente

Jarabe

Enfermera

Algodón hidrófilo

Médico

Yeso

Venda

Ficha medical

Cuarto de cirugía

Sangre

Guantes estériles

Radiografía

Jeringa

Los pacientes se transportan en:

Ambulancia

Camilla

Silla de ruedas

35

EL AEROPUERTO

Despega

Aterriza

Facturar el equipaje

Folleto

Hélice

Alarma

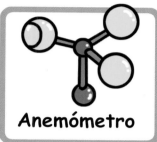
Anemómetro

Detector de metales

Llegadas

Manga de viento

Atalaya

Azafata

Radar

Carro de equipaje

Billete de avión

Equipaje

Turista

Piloto

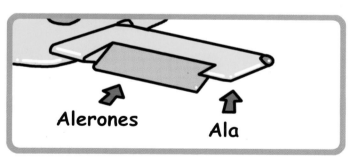
Alerones   Ala

Postales

En el aeropuerto podemos ver:

Helicóptero

Avion con hélice

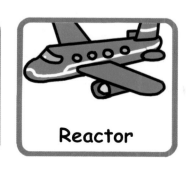
Reactor

Hangar

37

LA ESTACIÓN DE FERROCARRIL

El tren llega

El tren sale

Vagones

Revisor

Taquilla

Tope

Maleta

Mozo

Vagones cisterna

Empleado del ferrocarril

Mochila

Viajero

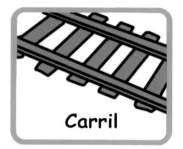
Carril

Carrito

Locomotora

Coche

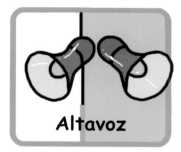
Altavoz

Periodicos y revistas

3	4005
4	
5	3000

Cuadro de salidas

Teléfono público

Sala de espera

LA SEMANA SANTA

Conejito

Pollitos

Huevo
de chocolate

Vamos
a la iglesia

LA NAVIDAD

Viene Papá Noel

Recibimos regalos

41

EL CIRCO

Nos reimos

Aplaudimos

Comemos palomitas

Bebemos refrescos

León

Círculo

Trapecio

Entrada

Látigo

Foca amaestada

Vestido

Varilla mágica

Patatas fritas

Plataforma

Estrellas

Acróbata

Micrófono

Serpiente

Poney

Ilusionista

Reflector

Tienda de campaña

Al circo pudes ver:

Artista de circo

Elefante
amaestado

Payaso

Trapecista

43

EL PARQUE ZOOLÓGICO

Vemos pájaros

Vemos animales

No den de comer a los animales

Sacamos fotos

Cocodrilo

Búho

Loro

Camello

Serpiente

Hipopótamo

Pelícano

Canguro

Oso polar

Ardilla

Elefante

Rinoceronte

Rana

Avestruz

Cebra

Pingüino

Oso

Conejo

Ciervo

En el parque Zoológico podemos ver:

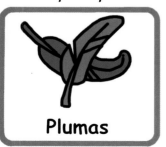

Plumas

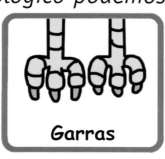

Garras

Colmillos

Monos

EL MAR

Nos bronceamos

Nadamos

Nos jugamos en la arena

Pescamos

Colchón de viento

Sombrilla

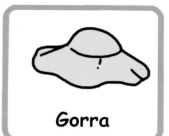

Gorra

Wind surf

Protector solar

Silla de playa

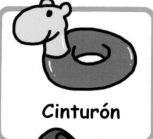

Cinturón

Nave

Gafas de sol

Castillo de arena

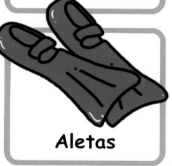

Aletas

Sol

Caña de pescar

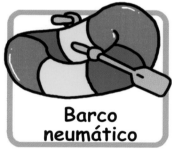

Barco neumático

Barco

Faro

Zapatillas de playa

Boya

Gafas de bucear

Juguetes para arena

En el mar hay:

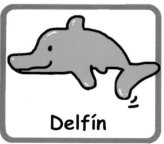

Delfín

Estrella de mar

Medusa

Concha

EL PUERTO

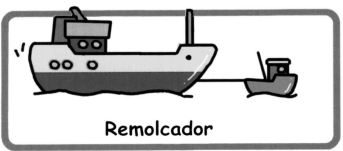

Remolcador

Descargan

Anclan

Remos

Hovercraft

Faro

Capitán

Marinero

Ancla

Pipa

Barca

Bandera

Sirena

Proa

Humo

Portilla

Volquete

Vela

Barco

Cubierta

Popa (stern)

Rueda del timón

En el puerto podemos ver:

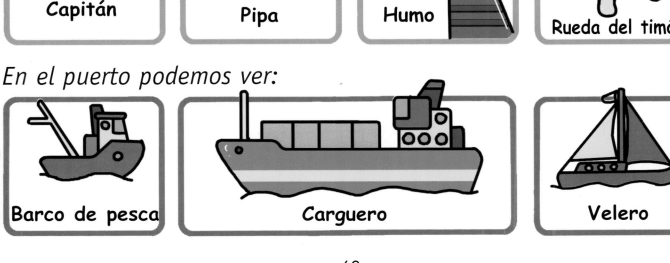

Barco de pesca

Carguero

Velero

LAS MONTAÑAS

Gritamos

Escalamos el monte

Admiramos la naturaleza

Esquiamos

50

Cesto

Signo

Esquis

Pico

Mochila

Nido

Chalet

Termo

Cuerda

Abeto

Tienda de campaña

Halcón

Telecabina

Insectos

Fuego

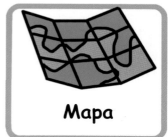
Mapa

Paisaje

Escala

Baja

En las montañas se usan:

Binóculo

Linterna

Botas

Brújula

51

LA CLASE

$$1+3=4$$
$$4-2=$$

Escriben

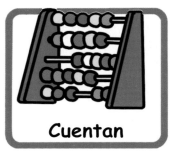

Cuentan

Estudian

Dibujan

Escuadra

Pinceles

Atlas

Borrador

Sacapuntas

Tintura

Lápices

Bolígrafo

Pizarra

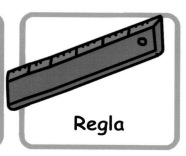

Regla

Cartera

Pasteles

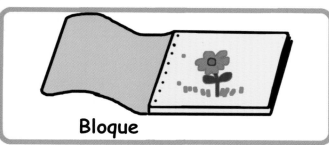

Bloque

Plastilina

Libro

Cátedra

Pupitre

Chinchetas

Compás

En la escuela estudiamos:

Geografía

Química

Matemáticas

Gramática

EL GIMNASIO

Jugamos de defensa

Driblamos

Sudamos

Hacemos gimnasia

54

Entrenador

Balonvolea

Balón

Baloncesto

Vestuario

Cesto

Árbitro

Silbato

Barras paralelas

Colchón

Anillos

Pesas

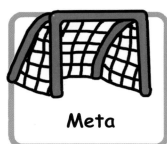

Meta

Estadio

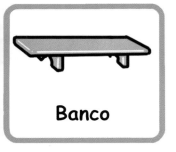

Banco

Copa

Cronómetro

Guantes de boxeo

En el gimnasio jugamos:

Tenis de mesa

Gimnasia

Fútbol

Balonvolea

55

LA OFICINA

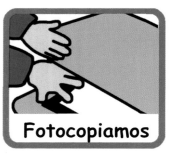
Fotocopiamos

Escribimos documentos y cartas

Sellamos

Hablamos por teléfono

 Rotulador

 Silla

 Firma

 Grapadora

 Abridor de cartas

 Encuadernador

 Cubo de basura

 Fichero

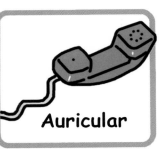 Auricular

 Agenda

 Teléfono móvil

 Clip

 Vaso con lápices

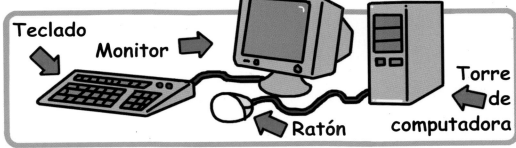

Teclado

Monitor

Torre de computadora

Ratón

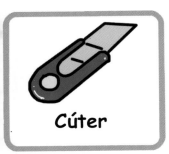 Cúter

 Gráfico

 Calendario

 Sellos

En la oficina se usan:

 Fax

 Papel

 Copiador

 Escáner

LA GRANJA

Cavamos

Rastrillamos

Sembramos

Ordeñamos la vaca

Rastrillo

Gallo

Gallina con pollito

Granjero

Gato

Escalera

Árboles frutal

Caballo

Vaca

Ternero

Pala

Cabra

Hortalizas

Cerdo

Carretilla de mano

Regadera

Perro

Tractor

¿Qué animales viven en una granja?

Ganso

Oveja

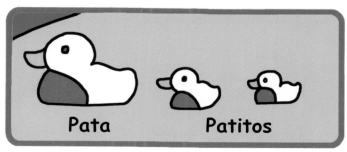

Pata

Patitos

LAS FRUTAS

Rociamos los árboles

Recogemos las frutas

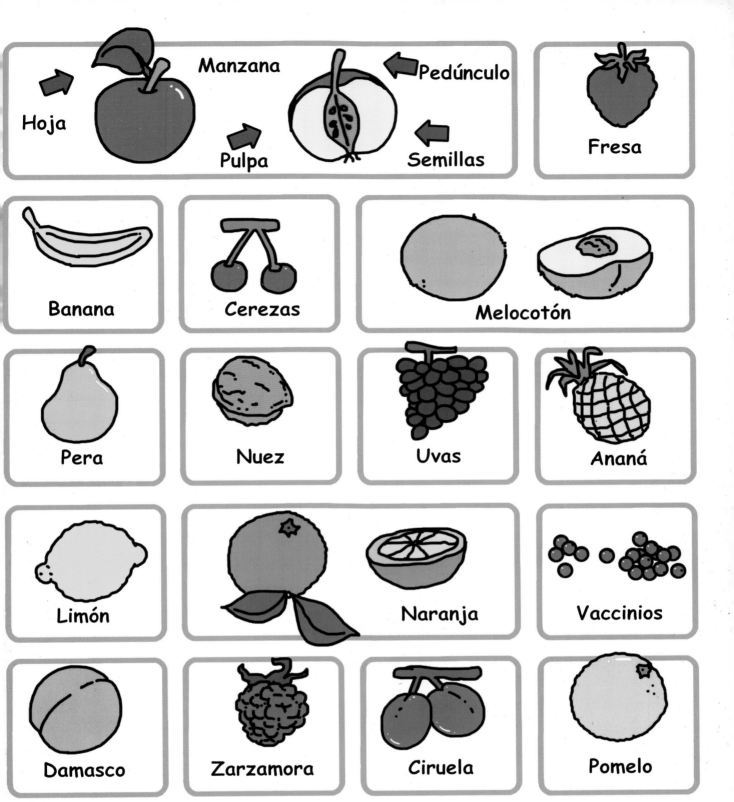

Hoja

Manzana

Pedúnculo

Pulpa

Semillas

Fresa

Banana

Cerezas

Melocotón

Pera

Nuez

Uvas

Ananá

Limón

Naranja

Vaccinios

Damasco

Zarzamora

Ciruela

Pomelo

¿Qué frutas te gustan más?

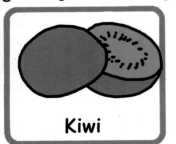

Kiwi

Dátile

Melón

Sandía

EL CARNAVAL

Conducimos

Nos divertimos

Nos columpiamos

Tiramos

 Bruja

 Premios

 Cohete

 Seda floja

 Laberinto

Caramelos

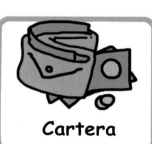 Globos

 Castillo

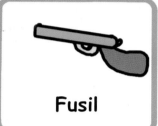 Fusil

 Dragón

 Kart

 Cacahuetes

 Pirata

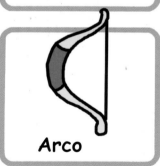 Cartera

 Flechas

 El barco pirata

 Espejos divertidos

 Arco

En el carnaval podemos ver:

 Rueda

 Montaña rusa

 Autochoques

El túnel encantado

MIS PRIMERAS 750 PALABRAS (MY FIRST 750 WORDS)
© 2006 Teora USA, LLC
2 Wisconsin Circle, Suite 870,
Chevy Chase, MD 20815 USA
e-mail: office@teora.com

All rights reserved.
No part of this book may be reproduced by any means
without the prior written consent from the Publisher.

ISBN 1-59496-057-7
070
Printed in Slovakia
10 9 8 7 6 5 4 3 2 1